填方路基压实质量的波电场耦合快速检测

技术指南

赵明阶 汪 魁 钟鑑方 王晓辉 荣 耀/主编

重庆大学出版社

内容提要

本指南以我国交通运输部最新颁布的技术规范和试验规程为依据,系统地介绍了填方路基压实质量的波电场耦合快速检测技术和有关要点。本指南共 8 章,主要内容包括总则、基本规定、填方路基压实质量的波电场耦合快速检测技术原理、路基填料基本特性测试、路基填料的波电场参数测试、现场波速成像检测及分析、现场电阻率成像检测及分析、基于波电场耦合测试的路基压实质量评价。

本指南可供从事路基施工、管理等工作的工程技术人员参考使用。

图书在版编目(CIP)数据

填方路基压实质量的波电场耦合快速检测技术指南 /
赵明阶等著. -- 重庆:重庆大学出版社,2024.3
ISBN 978-7-5689-4423-6

Ⅰ.①填… Ⅱ.①赵… Ⅲ.①公路路基—道路工程—
质量检验—技术手册 Ⅳ.①U416.1-62

中国国家版本馆 CIP 数据核字(2024)第 064143 号

填方路基压实质量的波电场耦合快速检测技术指南
TIANFANG LUJI YASHI ZHILIANG DE BODIANCHANGOUHE KUAISUJIANCE JISHU ZHINAN

赵明阶 汪 魁 钟鑑方 王晓辉 荣 耀 著

责任编辑:夏 雪 版式设计:夏 雪
责任校对:关德强 责任印制:赵 晟

*

重庆大学出版社出版发行
出版人:陈晓阳
社址:重庆市沙坪坝区大学城西路 21 号
邮编:401331
电话:(023) 88617190 88617185(中小学)
传真:(023) 88617186 88617166
网址:http://www.cqup.com.cn
邮箱:fxk@cqup.com.cn(营销中心)
全国新华书店经销
重庆巍承印务有限公司印刷

*

开本:787mm×1092mm 1/16 印张:3.25 字数:40 千
2024 年 3 月第 1 版 2024 年 3 月第 1 次印刷
ISBN 978-7-5689-4423-6 定价:39.00 元

填方路基压实质量的波电场耦合快速检测

技术指南

赵明阶　汪　魁　钟鑑方　王晓辉　荣　耀／主编

重庆大学出版社

内容提要

本指南以我国交通运输部最新颁布的技术规范和试验规程为依据,系统地介绍了填方路基压实质量的波电场耦合快速检测技术和有关要点。本指南共 8 章,主要内容包括总则、基本规定、填方路基压实质量的波电场耦合快速检测技术原理、路基填料基本特性测试、路基填料的波电场参数测试、现场波速成像检测及分析、现场电阻率成像检测及分析、基于波电场耦合测试的路基压实质量评价。

本指南可供从事路基施工、管理等工作的工程技术人员参考使用。

图书在版编目(CIP)数据

填方路基压实质量的波电场耦合快速检测技术指南 /
赵明阶等著. -- 重庆:重庆大学出版社,2024.3
ISBN 978-7-5689-4423-6

Ⅰ.①填… Ⅱ.①赵… Ⅲ.①公路路基—道路工程—
质量检验—技术手册 Ⅳ.①U416.1-62

中国国家版本馆 CIP 数据核字(2024)第 064143 号

填方路基压实质量的波电场耦合快速检测技术指南

TIANFANG LUJI YASHI ZHILIANG DE BODIANCHANGOUHE KUAISUJIANCE JISHU ZHINAN

赵明阶 汪 魁 钟鑑方 王晓辉 荣 耀 著
责任编辑:夏 雪   版式设计:夏 雪
责任校对:关德强   责任印制:赵 晟

*

重庆大学出版社出版发行
出版人:陈晓阳
社址:重庆市沙坪坝区大学城西路 21 号
邮编:401331
电话:(023) 88617190 88617185(中小学)
传真:(023) 88617186 88617166
网址:http://www.cqup.com.cn
邮箱:fxk@cqup.com.cn(营销中心)
全国新华书店经销
重庆巍承印务有限公司印刷

*

开本:787mm×1092mm 1/16 印张:3.25 字数:40 千
2024 年 3 月第 1 版   2024 年 3 月第 1 次印刷
ISBN 978-7-5689-4423-6 定价:39.00 元

前　言

　　随着高等级高速公路的快速发展,在山区及丘陵地区的高速公路建设中,经常遇到大面积的厚层土石路堤填筑。这种土石混合填筑路基的压实质量将直接影响路堤的沉降变形和稳定性,因此在施工过程中必须严格控制填筑路堤的压实度。我国公路路基压实度检测的传统方法有灌砂法、核子测定法、环刀法等,这些方法仅适用于填筑集料粒径小、厚度较薄的路基现场压实度检测。对于土石混填路堤,由于其填料的粒度变化大、含水量又很不均匀,从而限制了现有的压实度测试方法的使用。如何有效评价厚层土石路堤的压实质量并实时修正压实方案已成为我国厚层土石混填路堤修筑技术中亟待解决的关键技术问题。

　　随着岩土动力学研究的不断深入,波动测试技术因具有测试距离大、操作简单、成本低廉、可在施工中进行实时监测等特点,因而在岩土工程领域中得到了广泛的应用。从理论上讲,无论是路基还是路面,均可运用波动测试技术测定其强度和压实度,波动速度越高、波能量越强,土层的强度和压实度越大。实验研究也表明,随着土体中的波速增大,土体的容重增大,含水量和孔隙比降低。但实际上,测定土体的物性参数远比测定土体强度的难度要大,其原因就是缺乏一个有效土体物性参数的反演方法研究。

　　为了解决上述问题,2002 年重庆交通大学成功研制了土石混填路基的压实度波动检测技术,并开发了相应的仪器设备。该项技术于 2004 年获得了重庆市科技进步二等奖,可以说是土石混填路基压实度测试技术的重大进步。然而，在该技术中，由于路基的天然含水量需要通过常规方法获取，其效率受到一定程度的限制。为了实现填方路基压实质量的快速检测与评价，必须解决路基天然含水量的快速测试这个核心问题，同时还要与波动测试模型相衔接。2006年，编者团队充分利用介质电阻率对含水量敏感这一特性，通过建立理论模型解决含水量的测试问题，然后通过波场和电场的耦合研究，构建土石混填路基压实质量的电震综合成像诊断方法，并将该构想申报了国家发明专利。在此基础上，为了实现填方路基压实质量的快速检测，进一步提出"填方路基压实质量的波电场耦合快速检测技术研究"，并于2010年由江西省交通运输厅下达科研计划进行立项（项目编号：2010C0016）。通过该项目的研究提出了一套基于波电场耦合理论的快速检测技术。大量工程应用表明：该项技术测试精度高、测试简便，能显著提高检测效率、加快施工进度，便于推广应用，具有广阔的应用前景。该项目研究成果获得了2015年度江西省科技进步二等奖。

为了更好地指导波电场耦合测试技术在路基压实质量检测中的应用，现根据上述研究成果，编写本指南。本指南以《公路路基施工技术规范》（JTG/T 3610—2019）、《公路土工试验规程》（JTG 3430—2020）为基础，根据我国高速公路路基压实质量检测技术的实际发展情况进行编制。

编　者

2023年11月

目 录

1 总　则

1.1　填方路基压实质量的波电场耦合快速检测技术是一种路基压实质量检测的新技术，为了提高该技术的实施水平，特制定本指南。

1.2　填方路基压实质量的波电场耦合快速检测技术包括路基填料的波速测试和电阻率测试，以及路基现场波速测试和电阻率测试等关键技术。

1.3　填方路基压实质量的波电场耦合快速检测技术实施过程主要包括现场调查及取样、路基填料波电场参数测试及统计分析、路基现场波电场测试及分析、填方路基压实质量评价等过程，主要实施流程如图1.1所示。

1.4　本指南提出了江西省新建和改建高速公路填方路基压实质量的波电场耦合快速检测的技术要求。

1.5　本指南适用于指导公路填土路基、土石混填路基以及填石路基的压实质量检测。

1.6　按照本指南实施填方路基压实质量的波电场耦合快速检测及评价，尚应符合国家颁布的现行有关标准、规范的规定。

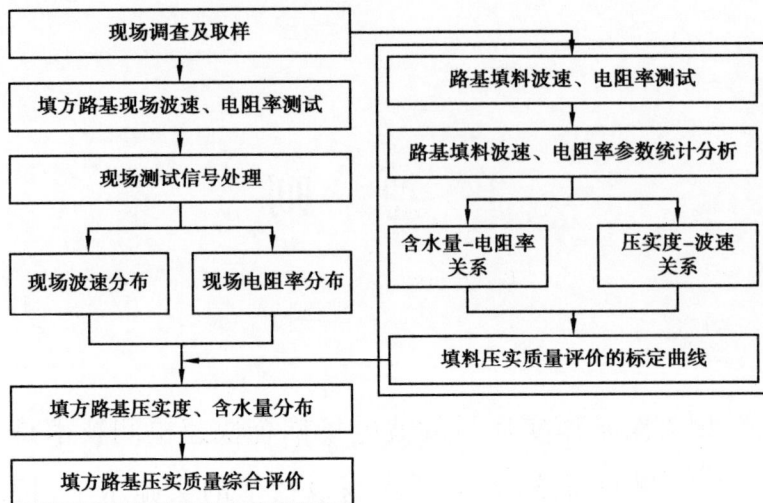

图 1.1　实施流程图

2 基本规定

2.1 各种类型填方路基压实质量的波电场耦合快速检测工作，均应符合本指南的有关规定。

2.2 各工作单位在实施填方路基压实质量的波电场耦合快速检测工作之前，应首先查阅相关资料，并根据实际情况组织现场调查。主要调查内容如下：

（1）建设项目的基本情况（如项目名称、项目的地理位置、项目进度情况等）；

（2）地形、地貌和水文地质条件；

（3）路基压实的方式及压实质量要求；

（4）路基填料的种类和类型；

（5）路基压实质量检测的具体范围。

2.3 结合路基现场地形条件、地质条件、路基填料、路基填筑方式等内容，编制填方路基压实质量的波电场耦合快速检测实施方案。

2.4 公路填方路基压实质量的波电场耦合快速检测应该与工程同步进行，技术实施相关资料应做到系统、完整、真实、有效，并应按照有关规定做好归档和管理。

3 填方路基压实质量的波电场耦合快速检测技术原理

　　填方路基压实质量的波电场耦合快速检测技术是通过测试现场路基填料的波速和电阻率,构建填料含水量和压实度的波电场参数反演统计模型,并将该模型直接应用到相应的路基现场,通过现场波动测试和电阻率测试获得波速分布和电阻率分布,利用上述反演模型计算含水量分布和压实度分布,从而对填方路基的压实质量进行评价。因此,填方路基压实质量的波电场耦合快速检测技术原理主要包括土石填方地基压实质量的波动计算模型、路基填料的电阻率模型,以及基于波电场参数耦合的填方路基压实质量计算模型。

3.1 土石填方地基压实质量的波动计算模型

　　2006 年,赵明阶系统研究了土石填料的波动传播特性,并在此基础上提出了根据波速计算土石填方地基压实质量的理论模型,如式(3.1)所示:

$$K = \left(\frac{V_s}{V_{smp}}\right)^{\frac{3}{2}}\left(\frac{1 + w}{1 + w_m}\right)^{\frac{1}{2}} \tag{3.1}$$

式中　V_{smp}——最密实状态下土石填料的剪切波速，m/s；

　　　w——土石填料的综合含水量，%；

　　　V_s——土石填方地基的实际剪切波速，m/s；

　　　w_m——最密实状态下土石复合介质的最佳含水量。

通过该模型可以实施填方路基压实质量的波动测试，但由于在该方法中仍然需要测试路基现场的含水量，而且测试参数相对较多，不利于实施快速检测。

3.2　路基填料的电阻率模型

1942 年，Archie 提出了饱和无黏性土的电阻率 ρ 随孔隙水电阻率 ρ_w 的变化关系，如式(3.2)所示：

$$\rho = a\rho_w n^{-m} \tag{3.2}$$

式中　ρ——土电阻率；

　　　ρ_w——孔隙水电阻率；

　　　a——土性参数；

　　　m——胶结系数；

　　　n——孔隙率。

1996 年，Keller 与 Frischknecht 进一步研究了饱和度对电阻率的影响，提出了适用于非饱和土的电阻率模型，如式(3.3)所示：

$$\rho = a\rho_w n^{-m} S_r^{-n} \tag{3.3}$$

式中　S_r——土体饱和度，其他字符含义同前。

上述研究表明：孔隙水的电阻率是影响岩土体介质电阻率大小的主要因素。

土石复合介质的电阻率结构模型在形式上和土的电阻率模型是相似的,主要通过孔隙水导电,因此可将土石复合介质的电阻率表达为:

$$\rho = a\rho_w n^{-m} S_r^{-m} w^{-b} \tag{3.4}$$

式中,w 为含水量($\%$),其他字符含义同前。

大量的研究表明,土石复合介质的电阻率对含水量 ω 最为敏感,在一定程度上,土石复合介质的电阻率可表达为含水量的幂函数,如式(3.5)所示:

$$\rho = aw^b \tag{3.5}$$

3.3 基于波电场参数耦合的填方路基压实质量计算模型

根据现场土石填料的波电场特性,利用式(3.1)和式(3.5)可构建基于波电耦合的填方路基压实度的计算模型,如式(3.6)所示:

$$K = \left(\frac{V_s}{V_{smp}}\right)^{\frac{3}{2}} \left(\frac{A + B\rho^m}{1 + w_m}\right)^{\frac{1}{2}} \tag{3.6}$$

式中,A,B,m 均为待定系数,和土石填料的性质相关。其他字符含义同前。

考虑到式(3.6)在应用中的测试参数较多,难以在路基现场实施快速检测,于是基于式(3.6),提出基于路基填料波电场参数统计规律的路基压实质量计算模型,如式(3.7)所示:

$$K^2 = A(V_s)^3 (1 + B\rho^C) \tag{3.7}$$

可将式(3.7)写成:

$$K^2 = AV_s^3 + B\rho^C V_s^3 + D \qquad (3.8)$$

式中,A、B、C、D 为待定系数,可根据路基填料波电场参数进行回归分析获取。

4 路基填料基本特性测试

4.1 一般规定

(1)根据路基现场的基本情况,选取典型的土石填料准备室内试验。要求刨去取样表面浮土,取代表性的土体填料用于土样试件的制作,取代表性岩石块体若干。

(2)用不透气的编织袋装上选取的土料并密封处理。

(3)对取回的填料应贴上相应的标签,记录取样地点、时间以及填料的类型等。

(4)将选取的填料带回实验室,准备室内试验。

4.2 土石填料颗粒分析

土石填料颗粒分析采用筛分法进行。筛分法是将土石体通过不同孔径的筛子,并按筛子孔径的大小将颗粒加以分组,然后再称量并计算出各个粒径土体所占的质量百分数,并将试验数据如实填入表4.1。

表 4.1　颗粒大小分析试验记录（筛分法）

实验日期:						
风干土质量＝____ g			粒径小于 0.075 mm 的土占总土质量百分数＝____ %			
孔径 2 mm 筛上土质量＝____ g			粒径小于 2 mm 的土占总土质量百分数＝____ %			
孔径 2 mm 筛下土质量＝____ g			细筛分析时所取试样质量＝____ g			
筛号	孔径/mm	累计筛留土质量/g	小于该孔径的土质量/g	小于该孔径的土质量百分数/%	小于该孔径的总土质量百分数/%	
1	0.075					
2	0.5					
3	1					
4	2					
5	5					
6	10					
7	20					
8	>20					
底盘总计						

根据表 4.1,绘制土石粒径级配图。

根据土石颗粒粒径级配,将粒径小于 5 mm 的骨料称为土(细粒料),而粒径大于 5 mm 的称为石(粗粒料),确定土石比。

4.3　击实实验分析

按照《公路土工试验规程》(JTG 3430—2020)对取回的路基填料进行击实试验,绘制干密度与含水量的关系曲线,计算最大干密度和最优含水量。

　　为了进一步对填料的波电场参数进行统计分析,须制作一定数量的击实试件进行波电场参数测试。要求对于每一种填料,测试的试件至少为 5 组,因此按照预定的含水量配好试样,利用重型击实仪制备 ϕ15.2 mm×L11.6 mm 标准试件击实试件,如图 4.1 所示。

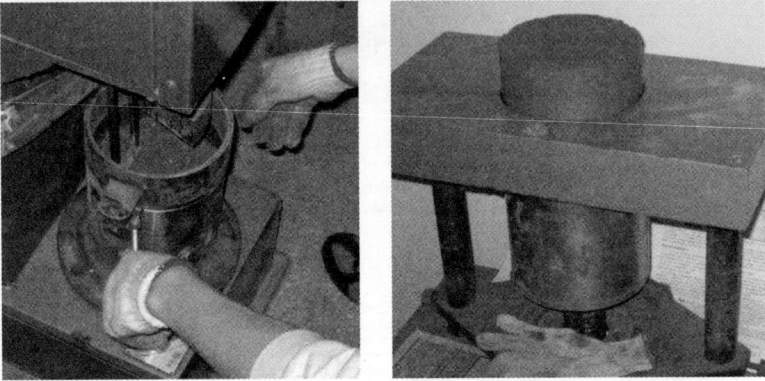

图 4.1　试件制作

5 路基填料的波电场参数测试

5.1 一般规定

(1)路基填料的波电场参数主要是指其静态参数波速和电阻率。

(2)测试试件应保持表面光滑平整,测试过程中应尽量排除干扰因素。

(3)测试波速时,为了保证检波器和试件之间接触良好,应选择合适的耦合剂。

(4)测试电阻率时,为了保证检测电极和试件之间接触良好,可在测试试件表面铺撒导电性能良好的石墨粉。

5.2 试件横波波速测试

室内击实试件的横波波速测试用刚性支架作为试件支撑装置,采用高频检波器测试振动信号,采用人工击打的方式对击实试件的横波波速进行测试。具体测试方法可参照附录 B"国家发明专利:一种室内击实试件的横波波速测试方法"。

根据附录 B 中的测试方法将击实试件的横波波速测试数据整理记录表 5.1。

表 5.1　横波波速测试记录

试样编号	1	2	3	4	5	…
含水率/%						
干密度/(g·cm⁻³)						
压实度/%						
试样长度/mm						
时间差/μs						
波速/(m·s⁻¹)						

5.3　试件电阻率测试

击实试件电阻率的测试是根据欧姆定律测试试件的电阻大小，然后通过试件的尺寸计算电阻率的大小。一般实验室电阻率测试可用二相电极法或四相电极法测试土石试样的电阻率大小，如图 5.1、图 5.2 所示。

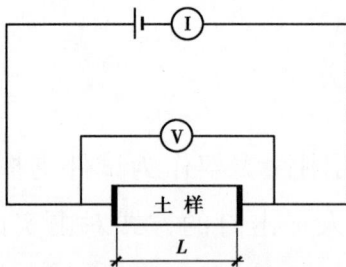

图 5.1　二相电极法　　　　图 5.2　四相电极法

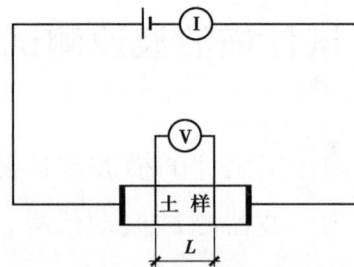

根据欧姆定律,电阻率计算公式如式(5.1)所示:

$$\rho = \frac{U}{I}\pi r^2 / l \qquad (5.1)$$

式中　U——电压,V;

　　　　I——电流,A;

　　　　r——试件半径,m;

　　　　l——试样长度,m。

根据二相电极法测试原理,可利用多功能电法仪对击实试件进行电阻率测试。

测试每个试件的电阻率数据,整理并记录表5.2。

表5.2　电阻率测试记录

试样编号	1	2	3	4	5	…
含水率/%						
干密度/(g·cm⁻³)						
压实度						
电压/V						
电流/A						
电阻率/(Ω·m)						

5.4　填料波电场参数统计分析

首先对测试试件的波电场参数进行汇总,填料波电场参数汇总如表5.3所示。

表 5.3　填料波电场参数汇总表

试样编号	1	2	3	4	5	…
含水率/%						
干密度/$(\text{g}\cdot\text{cm}^{-3})$						
压实度						
横波波速/$(\text{m}\cdot\text{s}^{-1})$						
电阻率/$(\Omega\cdot\text{m})$						

对填料波电场参数汇总后,根据填方路基压实质量的波电场耦合快速检测技术原理,利用填料物理参数和波电场参数之间的相关关系进行统计分析,主要包括:①压实度-横波波速相关关系分析;②含水量-电阻率相关关系分析;③基于波电场耦合反演压实度的二元非线性回归模型分析。

1)压实度-横波波速相关关系统计分析

由于土石介质干密度和横波波速具有乘幂关系,而压实度是通过干密度除以最大干密度得到的,因此压实度和横波波速也具有乘幂关系,可利用表 5.3 获得的波电场参数拟合压实度 K 和横波波速 V_s 的关系,如式(5.2)所示:

$$K = aV_\text{s}^{b} \tag{5.2}$$

式中,a、b 为待定系数,其他符号含义同前。

根据式(5.2)作路基现场压实度和横波波速的标定曲线。

2)含水量-电阻率相关关系统计分析

由于含水量对土石填料的电阻率影响最为敏感,而且土石填料的含水量和电阻率具有良好的乘幂关系,因此可利用表5.3中填料试件的电阻率 ρ 和含水量 ω 数据拟合含水量-电阻率关系,如式(5.3)所示:

$$\omega = a\rho^{b} \qquad (5.3)$$

式中,a、b 为待定系数,其他符号含义同前。

根据式(5.3)作路基现场含水量和电阻率的标定曲线。

3)基于波电场耦合反演压实度的二元非线性回归模型分析

根据土石介质路基的波动计算理论模型和电阻率对含水量的敏感性,利用表5.3中路基填料的波电场参数构建基于波电场耦合反演压实度的二元非线性回归模型,如式(5.4)所示:

$$K^{2} = AV_{s}^{3} + B\rho^{C}V_{s}^{3} + D \qquad (5.4)$$

式中,A、B、C、D 为待定系数,其他符号含义同前。

根据式(5.4)作路基现场压实度的波电场耦合反演模型。

6 现场波速成像检测及分析

6.1 一般规定

(1)应根据检测实施方案合理布线,测线布置应以能够综合反映整个区域的路基压实质量为原则,一般要求测线间距为 50 m 左右,对于特殊地段,可适当加密。

(2)噪声对仪器信号有影响,应考虑现场环境因素,尽可能选择噪声小时进行探测检测。

(3)波动测试道间距 D 一般取 $(0.5 \sim 1)H$(H 为对应介质层的深度)。

(4)对于小道间距,应选用质量小的小锤;反之,对于较大道间距,应选用质量大的长柄大锤。

(5)浅层选用频响范围宽、高频响应好的传感器;深层选用低频响应的速度传感器;传感器按等间距布置。

(6)采样时间一般取 $(100 \sim 300)D$,以 μs 计;采样长度宜采用 $1\,000 \sim 2\,000$ 个采样点。

(7)可通过正、反方向敲击,进行信号平均叠加。

6.2 现场波动测试技术装置

测试时,将发射激振仪和接收传感器安装在填筑层水平表面。为使激振仪、传感器与检测层表面有良好的接触,在有凹凸处要用细砂或土填平,根据填筑层材料土石比、粒径大小、铺筑厚度选择激振频率、水平安装距离、采样次数等。测试系统如图6.1所示。

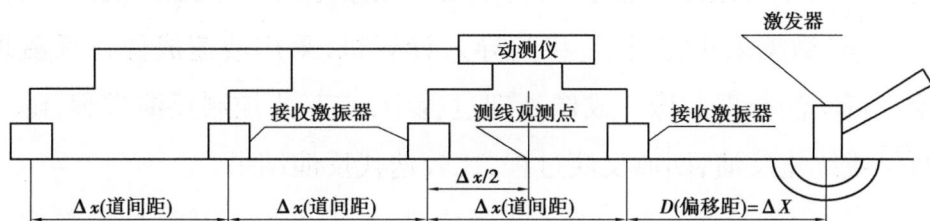

图6.1 波动测试系统示意图

6.3 现场波速成像技术的实施

现场波速成像按照以下步骤操作:

(1)根据每层碾压区域的尺寸进行测线布设,测线间距以保证能反映整个碾压区域的压实质量分布情况为原则,过密的测线布设将增大测试工作量,过疏的测线布设使得测线不能有效反映整个区域的压实质量。当传感器较少时,按共中心法布置,即保证测点的中心线在该剖面,道间距由小到大,逐渐增加测试深度;当传感器较多时,可采用单道间距布置。

(2)采用基于面波的横波成像系统进行测试,所有测试装置的点距选择应根据测试深度和横向分辨率综合确定。

（3）将皮尺固定在测线上，将测试探头（振动传感器）按照设计间距安放在测线上，使其与待测填方体接触良好，连接导线与测量仪，打开仪器。

（4）设置测量所需的各个参数，包括工地名、文件名、日期及采样间隔、采样点数、触发方式、延迟时间、发射脉宽、放大倍数等参数。

（5）对各通道进行接地检测，检测通道与土石混合料接触良好后，开始采集数据，采集完毕，将采集的数据导入计算机存储。

（6）数据采集完成后，将其导入计算机，采用波速成像正反演理论进行实测数据成像。成像处理过程中，交互式控制反演进程，随时暂停或终止反演，回放反演过程，比较迭代反演结果。

（7）由于反演问题本身的不适定性，检测系统或待测体内部缺陷造成的射线分布不均匀以及射线追踪、检测数据和计算舍入等带来的误差，反演结果中包含多种噪声，为减弱噪声、去除伪像，需要采用适当的后处理方法，以提高层析成像结果的分辨率、可读性和可靠性。因此，由波速成像的图像需要进行中值滤波和聚类分析后处理。

（8）运用成像结果分析异常波速区域，根据异常区域的大小初步圈定碾压不密实区的范围。

7 现场电阻率成像检测及分析

7.1 一般规定

（1）应根据检测实施方案合理布线，测线布置应能够综合反映整个区域的路基质量，一般要求测线间距为 50 m 左右，对于特殊地段，可适当加密。

（2）开始检测前应认真检查测试场地附近是否有较大的电磁体。若有，应移开电磁体，或者在远离电磁体的地方重新布置测线，以防其对探测结果造成影响。噪声对仪器信号也有影响，尽可能选择噪声小时，进行探测检测。

（3）路基表面过湿或者过干对探测结果影响较大，应根据需要选择晾晒或洒水处理。

（4）空气的温度和湿度对仪器的探测结果有影响，应尽可能在正常温度和湿度范围内进行。

（5）输入高阻抗，以保证仪器在电极接地条件较差、接地电阻比较大时仍然能够获得准确的测量结果。

7.2 现场电阻率测试技术装置

由上述现场电阻率测试原理可知,根据电极排列方式的不同,电阻率成像观测具有不同的技术装置。常用技术装置主要有二极装置、三极装置、联合剖面装置、对称四极装置、偶极装置以及中间梯度装置等。

温纳排列、偶极排列、微分排列三种电极排列方式均能够反映出填方体缺陷的位置及范围。其中,温纳排列反演效果最好,一次拟合方差最小。深度对测试结果影响较明显:浅层测量数据较多,反演结果较好,精度高,与实际情况接近;深层探测数据少,精度较低。对不同隔离数的测试结果对比分析,得出隔离数大小对测试结果的影响较大。隔离数越小精度越高;反之,隔离数越大,精度越低。在实际工程中应根据测试深度有效选择极距和点距,既要充分考虑探测深度,又要兼顾横向分辨率。极距和点距的关系一般应满足公式:$z = n \cdot a$。其中,z 为极距,n 为隔离系数,a 为点距。这三种技术装置在高密度电法测量时的跑极方式如下:

1)温纳排列(对称四极装置)模式

其电极排列规律是(对于 60 道):A,M,N,B(其中 A,B 是供电电极,M,N 是测量电极),AM=MN=NB 为一个电极间距,随着间隔系数 n 由 n(MAX)逐渐减小到 n(MIN),4 个电极之间的间距也均匀收拢。该装置适用于固定断面扫描测量,其特点是测量断面为倒梯形,电极排列如图 7.1 所示。

设电极总数为 60，$n(\text{MIN})=1$，$n(\text{MAX})=16$，每步电极转换的规律如下：

第一步：$A=1\#$，$M=17\#$，$N=33\#$，$B=49\#$；

第二步：$A=1\#$，$M=16\#$，$N=32\#$，$B=48\#$；

……

第十六步：$A=1\#$，$M=2\#$，$N=3\#$，$B=4\#$。

如果收敛标志为 0，则 $A=60-3\times16=12$，$M=A+16$，$N=M+16$，$B=N+16$ 就完成，测得一个平行四边形即 $B=49$ 时（方便长剖面的连接）；如果收敛标志为 1，则 $A=60-3\times1=57$，$M=58$，$N=58$，$B=60$。

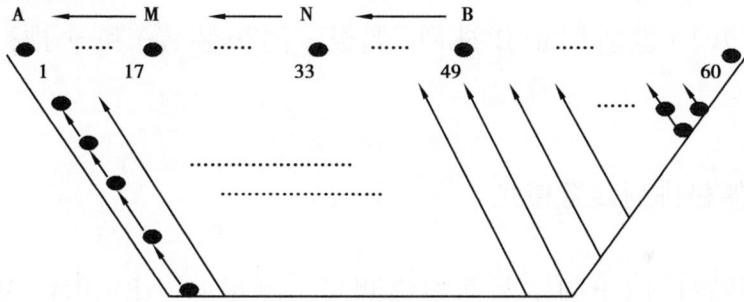

图 7.1 温纳剖面电极排列

跑极方式为逆向斜测深，经数据转换软件转换成剖面数据。

第二行显示间隔系数 n，第三行显示对称四极的电极排列规律，第四行显示每一步转换所接通的电极序号。

测量结束时，转换器显示屏上给出整个剖面的数据总数，从测量总数的正确与否，可判断出测量是否正常结束。

当实接电极数给定时，每层剖面上的测点数和断面上的总测点数由式(7.1)确定。

$$D_n = P_{sum} - (P_a - 1) \cdot n \qquad (7.1)$$

式中　n——剖面层数；

P_{sum}——实接电极数（测线上电极总数）；

P_a——装置电极数（装置 α、β、γ 排列 $P_a=4$）；

D_n——剖面 n 上的测点数。

例如，对 α 排列（即温纳装置），电极数 $P_a=4$，设测线上电极总数 $P_{sum}=60$，剖面层数为 16，每层剖面上测点数：$D_n=60-(4-1)\times n$。

第一层：$D_1=60-3\times1=57$；

第十六层：$D_{16}=60-3\times16=12$；

断面上总的测点数 $=16\times(D_1+D_{16})/2=552$。

式（7.1）也适用于 β 排列（偶极—偶极装置）和 γ 排列（微分装置）。

2）偶极排列装置模式

该装置适用于固定断面扫描测量。测量时，AB = BM = MN 为最大电极间距，A、B、M、N 逐点同时向右移动，得到第一条剖面线；接着 AB、BM、MN 增大一个电极间距，A、B、M、N 逐点同时向右移动，得到另一条剖面线；这样不断扫描测量下去，得到倒梯形断面。其电极排列如图 7.2 所示。

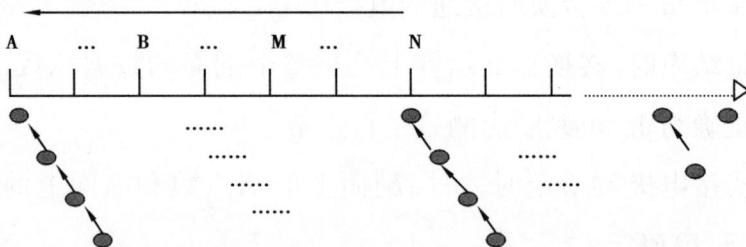

图 7.2　偶极剖面电极排列

偶极排列装置每步转换的过程等与温纳排列类同,不再赘述。

3)微分排列装置模式

该装置适用于固定断面扫描测量。测量时,AM = MB = BN 为最大电极间距,A、M、B、N 逐点同时向左移动,得到第一条测深线;接着 AM、MB、BN 整体向右移一个电极间距,A、B、M、N 逐点同时向左移动,得到另一条测深线;这样不断扫描测量下去,得到倒梯形断面。其电极排列如图 7.3 所示。

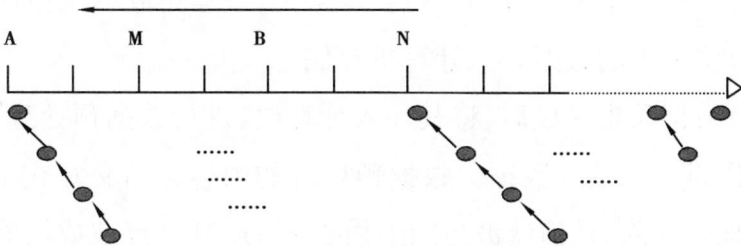

图 7.3   微分剖面电极排列

微分剖面装置每步转换的过程等与温纳排列类同,不再赘述。

7.3   现场电阻率测试的实施

现场电阻率测试按照以下步骤操作:

(1)根据每层碾压区域的尺寸进行测线布设,测线间距以保证能反映整个碾压区域的压实质量分布情况为原则。过密的测线布设将增大测试工作量,过疏的测线布设使得测线不能有效反映整个区域的压实质量;应确保每一根电极打入路基内,并与路基填料接触良好。

（2）连接电极与导线，注意电极号与导线接头一一对应，切勿交叉错位。

（3）检查高密度电阻率测量仪是否正常，电池电压是否满足测量要求，确定无误后，将导线与测量仪连接起来。

（4）连接外接高压电源，打开仪器，设置测量选取的装置类型、剖面编号、电极间距、隔离系数等参数。

（5）对电极进行接地检测，与路基填料接触良好后，开始采集数据。

（6）调换采集模式分别进行数据采集，采集完成后，收回仪器。

（7）将采集的数据导入计算机存储。

（8）数据采集完成后，将其导入计算机，进行数据预处理，为电阻率成像提供可靠输入数据。数据预处理的内容包括交互式手工及自动数据坏点剔除、数值滤波（中值滤波、Alpha 剪切滤波或均值滤波），以及远电极校正。

（9）一般电阻率法在不同地电断面上的异常曲线的特点及解释方法都是在假定地表是水平的、岩土体是各向同性的均匀介质前提条件下进行讨论的。若在实际工作中，地形起伏较大，则必须对电阻率法的地形进行必要的改正，使成像结果更加准确。

（10）采用电阻率成像正反演理论进行实测数据成像。成像处理过程中，交互式控制反演进程，随时暂停或终止反演，回放反演过程，比较迭代反演结果。

（11）运用成像结果分析异常电阻率区域，根据电阻率区域的大小初步圈定碾压不密实区的范围。

8　基于波电场耦合测试的路基
压实质量评价

8.1　一般规定

通过填方路基现场的波电场测试,获取横波波速分布和电阻率分布。可利用对应填料的波电场参数统计分析规律对现场的压实质量进行综合评价,评价的主要内容包括:

(1)基于路基填料压实度-波速曲线的路基压实度分布。

(2)基于路基填料含水量-电阻率曲线的路基含水量评价。

(3)基于路基填料波电场耦合模型的路基压实度评价。

8.2　主要评价方法

1)基于路基填料压实度-波速曲线的路基压实度分布

按照第6章现场波动测试方法获得填方路基现场波速分布,利用

第 3 章中的方法获得的压实度-横波波速相关关系作为路基现场压实度的波速标定曲线,可得到基于横波波速标定的压实度分布。

2)基于路基填料含水量-电阻率曲线的路基含水量评价

按照第 7 章现场电阻率测试方法获得某填方路基现场电阻率分布,利用第 3 章中的方法获得的含水量-电阻率相关关系作为路基现场含水量的电阻率标定曲线,可得到基于电阻率标定的含水量分布。

3)基于路基填料波电场耦合模型的路基压实度评价

同时利用现场测试的横波波速分布和电阻率分布,可根据第 3 章中的方法获得基于波电场耦合反演路基填料压实度的二元非线性回归模型,计算路基现场基于波电场耦合的压实度分布。

附录 A 填方路基压实质量的波电场耦合快速检测实例

A.1 施工路段综述

大广高速龙杨段属大庆至广州高速公路是国家高速公路规划 7 918 网南北纵线的第五纵,江西龙南段设计速度 100 km/h,路基宽 33.5 m,按双向六车道标准建设。该项目起于龙南里仁,经黄沙管委会、龙南镇、东江、渡江、程龙、夹湖、全南金龙等乡(镇),止于龙南市杨村(赣粤界),涉及八个乡、镇管委会,31 个行政村。全长约 60.834 km,投资估算 39.8 亿元。主要工程有互通立交(里仁、东江、杨村);服务区 1 个(渡江服务区);大、小桥梁 28 座(合计桥长 8 000 多米);隧道 4 座(其中省界赣粤隧道为特长隧道,全长 3 400 m);路基土石方 1 488.7 m³;排水及防护工程 47.9 万 m³。

其中,大广高速龙杨段 A1 标段区内地貌总体属于构造剥蚀丘陵地貌,路段稳定性好,适宜公路建设。

A.2　路基填料波电场参数测试及数据统计分析

按照填方路基压实质量的波电场耦合检测实施流程,首先进行现场踏勘,并取回填料,按照路基填料波电场参数测试方法,对现场取回的填料进行横波波速和电阻率测试,结果如表 A.1 所示。

表 A.1　大广高速龙南市 A1 标段填料击实试件波电特征数据

含水量/%	干密度/(g·cm⁻³)	K/%	V_s/(m·s⁻¹)	电阻率/(Ω·m)
6.31	1.717	91.33	213	5 937
7.82	1.762	93.72	217	4 987
9.12	1.87	99.47	249	3 524
10.69	1.86	98.94	237	1 942
11.62	1.803	95.90	221	1 598
13.25	1.756	93.40	214	657
14.57	1.709	90.90	208	498

利用表 A.1 的波电场参数进行统计分析,分别得到:①路基填料的压实度-横波波速关系曲线,如图 A.1 所示;②路基填料的含水量-电阻率关系曲线,如图 A.2 所示;③基于波电场耦合反演压实度的二元非线性回归模型,如式(A.1)所示。

利用填料波电场参数基于波电场耦合反演压实度的二元非线性回归模型 $K^2 = AV_s^3 + B\rho^C V_s^3 + D$,对表 A.1 中填料波电场参数进行回归分析,可得该压实度的波电场耦合反演计算模型:

$$K^2 = 2.54 \times 10^{-4}V_s^3 + 2.15 \times 10^{-4}\rho^{-0.2965}V_s^3 + 5\,906.50$$

$$(A.1)$$

其中,复相关系数 $R^2 = 0.956\ 7$。

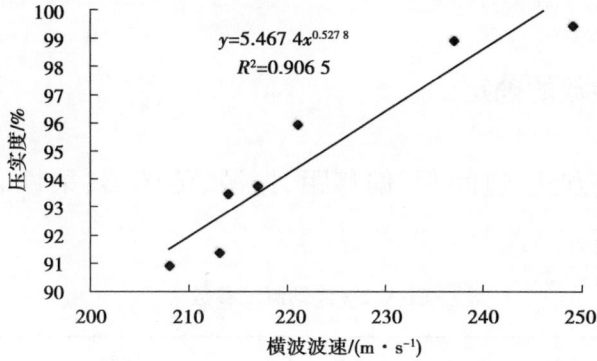

图 A.1　大广高速龙南市 A1 标段填料压实度-横波波速关系曲线

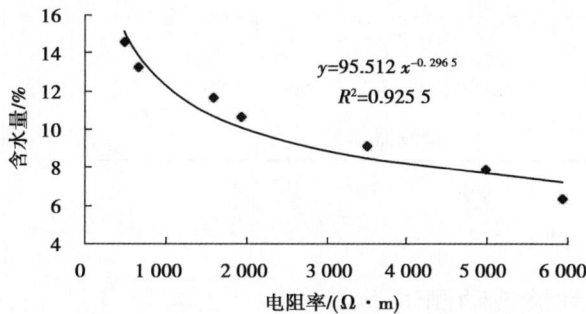

图 A.2　大广高速会昌县 A1 标段填料电阻率-含水量关系曲线

A.3　现场面波测试及结果

1)测试设备

本次现场测试采用武汉中科智创岩土技术有限公司生产的 RSM-24FD 浮点工程动测仪。该仪器的主要技术特点为:4 通道独立瞬时浮点 24 位 A/D;采样间隔为 10~65 536 μs,连续可调;最大增益 25 600 倍;交直流两用。

2)测试参数的确定

测点布置方式、道间距、偏移距、振源、传感器、采样时间、敲击方式如表 A.2 所示。

表 A.2　波动测试参数

测试区域	测点布置方式	振源	传感器	偏移距/cm	道间距/cm	采样时间/μs	采样长度	低通/Hz	高通/Hz
大广高速龙杨段 A1 标段	单道间距布置	手锤	CDJ-Z2.5 2.5 Hz 垂直检波器	50	50	200	2 000	1 000	0

3)瞬态瑞利波波动测试

利用 RSM-24 浮点工程动测仪和瑞利波采样程序进行采样,如图 A.3 所示。采样完成后,保存数据。

图 A.3　瞬态瑞利波测试

4) 数据分析处理

采用瑞利波分析软件 SWCT 进行数据分析,选取图 A.4(a)中的两条测试信号进行互相关分析,得到图 A.4(b)所示的功率谱及折叠相位展开图、图 A.4(c)所示的相速度随波长变化图,以及图 A.4(d)所示的简化剥层分析结果。最终可得该断面的波速分布如图 A.5所示。

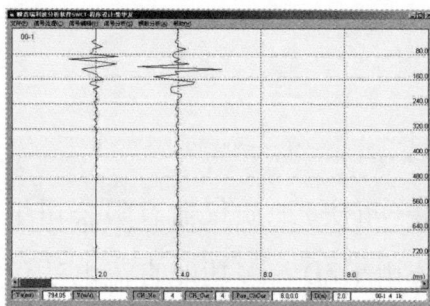

(a) 两测点信号

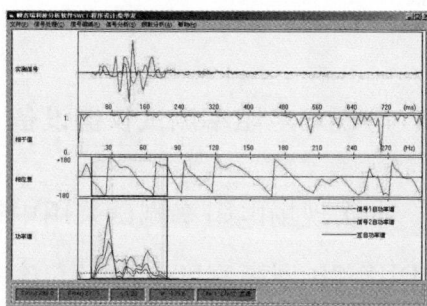

(b) 互谱分析

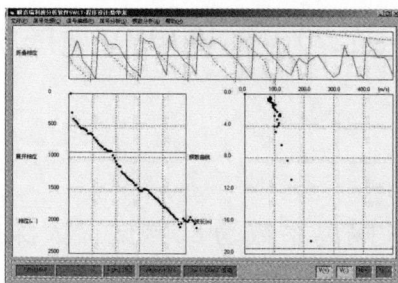

(c) 相速度随波长变化

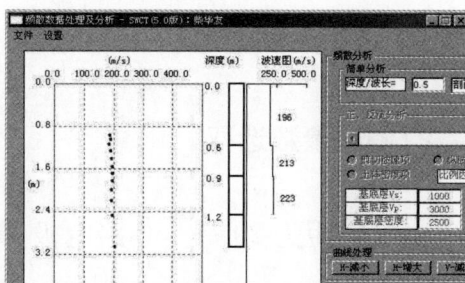

(d) 简化剥层分析

图 A.4　数据分析

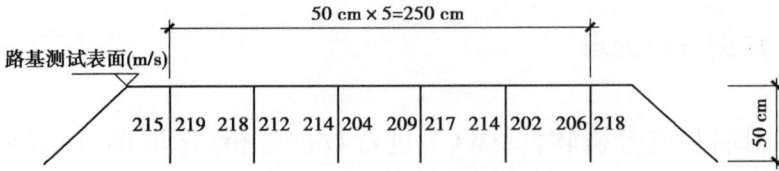

图 A.5 波速分布

A.4 现场电阻率测试及结果

1) 现场电阻率测试仪器设备

本次现场电阻率测试采用中地装(重庆)地质仪器有限公司生产的 DUK-2B 型高密度电法仪。该系统由 DZD-6 多功能直流电法仪和多路电极转换器 DUK-2 共同组成。其主要技术指标为:电压测量范围:±6 V;电流测量范围:1 μA ~ 2 000 mA;电极总数:60 路;最大供电电流:2 A;最大供电电压:500 V;输入阻抗:20 MΩ,100 MΩ(两挡)。

2) 测试参数选取

电极间距为 20 cm,30 路电极,最大隔离系数为 8,测试最大深度为 1.6 m。

3) 现场电阻率测试

按照前述 DUK-2B 型高密度电法仪操作详细步骤,分别选取温纳模式、微分模式和偶极模式进行测试,测试完成后保存数据。现场电阻率测试如图 A. 6 所示。

图 A. 6　现场电阻率测试

A. 5　数据分析处理

本次试验数据采用 Geogiga RTomo 解释软件进行反演分析。其原理是采用有限元、佐迪反演理论与平滑约束最小二乘法进行模型优化,通过交替使用常规的高斯-牛顿法和拟牛顿技巧来加快反演速度。Geogiga RTomo 解释软件处理主要包含文件输入、预处理、地形改正、电阻率成像、图形显示等步骤,主要流程如图 A. 7 所示。

1) 文件输入

支持温纳、偶极、微分、联剖、二极、滚动三极及施伦贝尔等装置的文件类型输入;可预览文件信息,支持多种数据格式;支持图形打印与保存,如图 A. 8 所示。

```
                    ┌──────────────┐
                    │  输入数据文件  │
                    └──────┬───────┘
                           ↓
                   ┌────────────────┐
                   │  设置数据文件参数  │
                   └───────┬────────┘
                           ↓
                      ┌────────┐      平坦
                      │  地形   │──────────────┐
                      └───┬────┘              │
                        起伏                   │
                          ↓                   │
              ┌─────────────────────┐         │
              │   打开或创建地形文件    │         │
              └──────────┬──────────┘         │
                         ↓                    │
                    ┌────────┐       否        │
                    │  二级法  │──────────────┐ │
                    └───┬────┘              │ │
                       是                    │ │
                        ↓                    │ │
              ┌─────────────────┐            │ │
              │   远电极校正      │            │ │
              └────────┬────────┘            │ │
                       ↓                     │ │
              ┌─────────────────┐            │ │
              │   数据编辑        │←───────────┘ │
              └────────┬────────┘              │
                       ↓                       │
              ┌─────────────────┐              │
              │   数据滤波        │              │
              └────────┬────────┘              │
                       ↓                       │
                  ┌────────┐        否          │
                  │  地形   │──────────────┐    │
                  └───┬────┘              │    │
                     是                    │    │
                      ↓                    │    │
              ┌─────────────────┐          │    │
              │   地形改正        │          │    │
              └────────┬────────┘          │    │
                       ↓←──────────────────┘    │
              ┌──────────────────────┐          │
              │   反演(电阻率成像)      │←─────────┘
              └──────────────────────┘
```

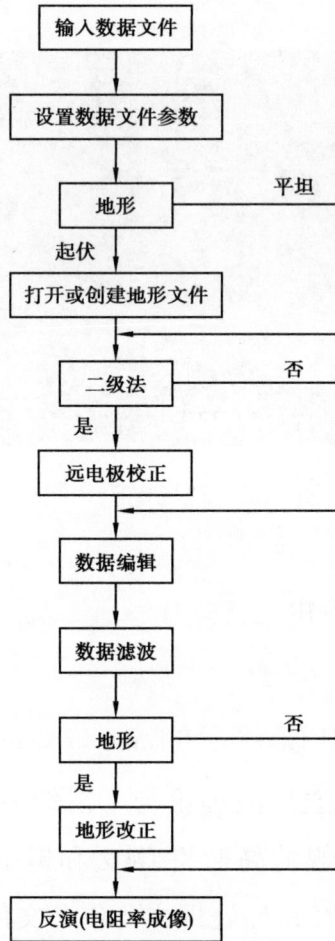

图 A.7　数据处理流程

2) 预处理

支持交互式手工及自动数据坏点剔除；支持中值滤波、Alpha 剪切、均值滤波等多种数值滤波方法；可进行远电极校正，电阻率比值参数设置；支持多步撤销/恢复数据编辑操作，如图 A.9 所示。

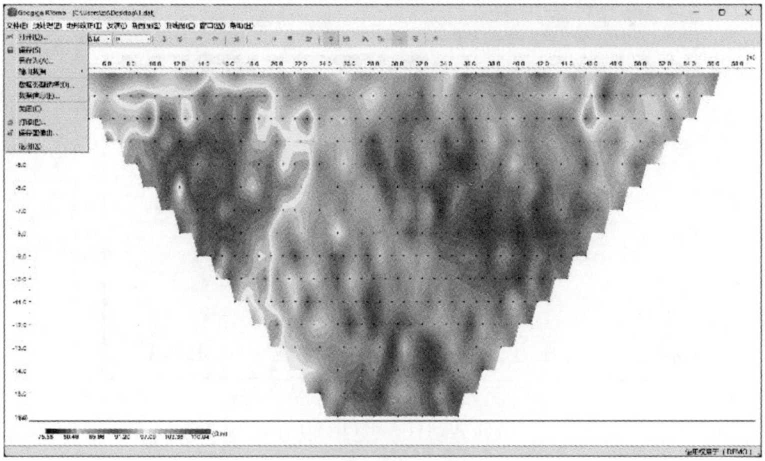

图 A.8　文件输入

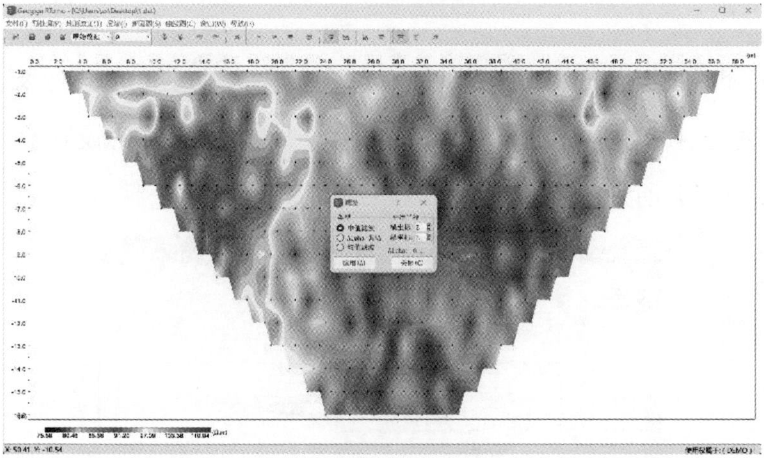

图 A.9　预处理

3) 地形改正

支持表格式地形文件编辑;可进行高精度有限元法迭代地形改正,如图 A.10 所示。

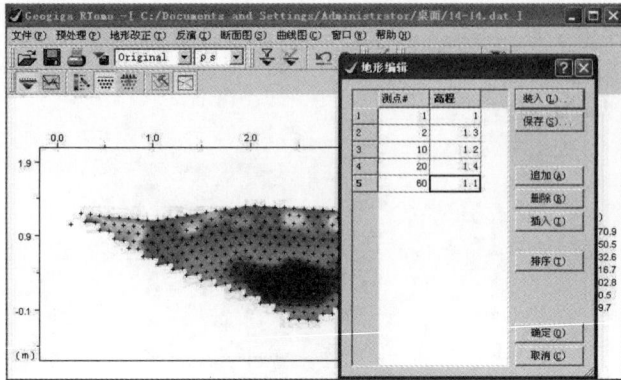

图 A.10　地形改正

4）电阻率成像

支持断面数据成像，佐迪与最小二乘联合反演；可进行交互式控制反演进程，随时暂停或终止反演，回放反演过程，比较迭代反演结果，如图 A.11 所示。

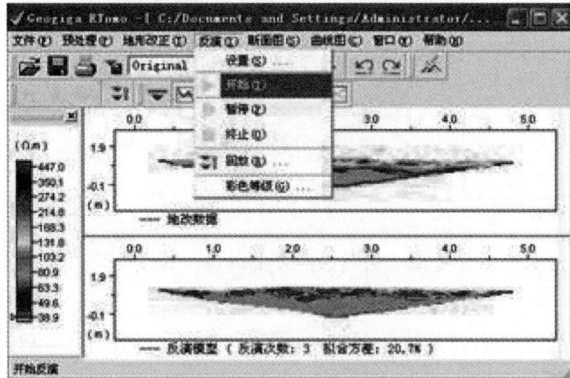

图 A.11　电阻率成像

5）图形显示

可显示彩色拟断面图，支持线性或对数模式；自由编辑与保存彩色分级条;综合显示电阻率剖面曲线、电测深曲线、比值参数;可自由调整图幅大小,对比显示原始数据、地改数据与反演模型;可显示指定数据点的供电或测量电极、数据测量点,实时反馈光标信息;可高效显示图形,并滚动显示长剖面,如图 A.12 所示。

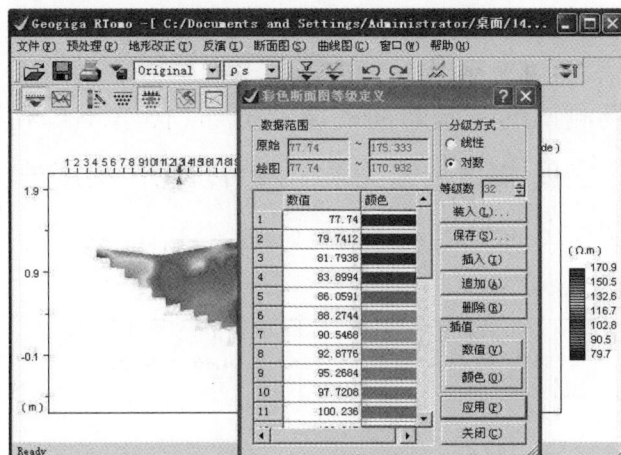

图 A.12   图形显示控制

大广高速龙南市 A1 标段某断面电阻率分布如图 A.13 所示。

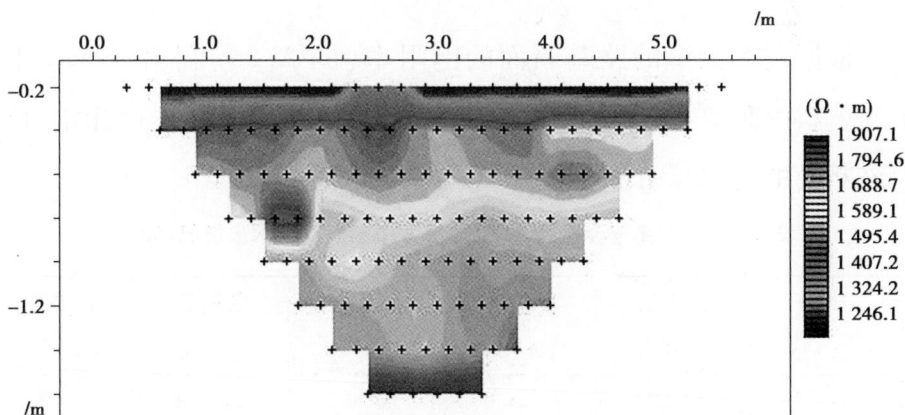

图 A.13   大广高速龙南市 A1 标段某断面电阻率分布

A.6 基于波电场耦合的填方路基压实质量评价

1)基于横波波速测试的路基压实质量评价

根据现场测试的路基断面的波速分布(图 A.5),利用图 A.1 中所示的填料压实度-横波波速关系曲线对现场压实度进行标定,得出该断面的压实度分布如图 A.14 所示。

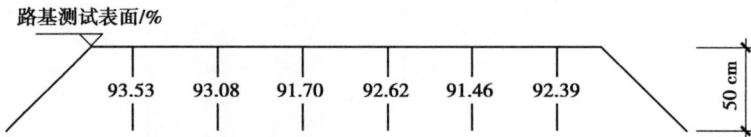

路基测试表面/%

93.53   93.08   91.70   92.62   91.46   92.39

50 cm

图 A.14 大广高速龙南市 A1 标段某断面压实度分布

2)基于电阻率测试的路基含水量评价

根据现场测试的路基断面的电阻率(图 A.6),利用图 A.2 中所示的填料电阻率-含水量关系曲线对该断面的含水量进行标定,可得到该断面的含水量分布如表 A.3 所示。

表 A.3 大广高速会昌县 A1 标段填方路基表层含水量情况(50 cm)

电阻率 /(Ω·m)	含水量 /%	电阻率 /(Ω·m)	含水量 /%	电阻率 /(Ω·m)	含水量 /%
1 446.31	11.04	1 528.6	10.86	1 521.04	10.88
1 444.81	11.05	1 475.17	10.98	1 601.29	10.71
1 500.01	10.92	1 474.80	10.98	1 601.07	10.71
1 499.38	10.92	1 553.39	10.81	1 599.89	10.72

续表

电阻率 /(Ω·m)	含水量 /%	电阻率 /(Ω·m)	含水量 /%	电阻率 /(Ω·m)	含水量 /%
1 314.85	11.36	1 572.41	10.77	1 601.21	10.71
1 501.59	10.92	1 560.33	10.80	1 602.23	10.71
1 544.22	10.83	1 540.38	10.84	1 584.69	10.75
1 558.61	10.80	1 520.05	10.88	1 574.03	10.77

注:现场酒精燃烧法测试含水量为 11.1%。

3)基于波电场耦合的填方路基压实质量评价

根据上述填方路基现场实测的横波波速和电阻率,可利用基于波电场耦合反演压实度的二元非线性回归模型[式(A.1)]计算路基现场的压实度。计算结果如表 A.4 所示。

表 A.4　大广高速龙南市 A1 标段填方路基压实度反演结果

波速/(m·s⁻¹)	217	215	209	213	208	212
电阻率/(Ω·m)	1 465	1 522	1 610	1 578	1 564	1 429
波速反演结果/%	93.53	93.08	91.70	92.62	91.46	92.39
波电场耦合反演结果/%	93.57	93.14	91.90	92.71	91.71	92.54
灌砂法试验结果/%	94.2					

附录 B　国家发明专利：一种室内击实试件的横波波速测试方法

B.1　技术领域

本发明涉及土质地基压实质量和稳定性的测试方法，提出了一种室内击实试件的横波波速测试方法。

B.2　背景技术

目前在工程建设中，广泛采用波动测试技术来评价土质地基（含土石复合地基）的压实质量和稳定性，而现场测试结果的解释必须基于对土石复合介质的波动传播特性研究，特别是通过室内不同含水量、不同干密度、不同击实次数、不同土石比的土石复合试件的波速测试结果获得的波动传播规律，可为现场波动测试结果的解释提供重要的理论依据。与岩石试件相比，由于室内击实土样孔隙率大、波速低、高频信号衰减快、试件尺寸大，采用超声波测试方法很可能得不到准确的波速测试值。现有技术主要采用振动测试仪获得室内击实土样的纵波波速，但横波波速还没有明确的测试方法。

B.3　发明内容

为解决现在还没有明确的室内击实土样横波波速测试方法等问题，本发明提出了一种室内击实试件的横波波速测试方法。本发明涉及室内击实试件的横波波速测试方法，采用击实试件作为横波波速测试试件，采用刚性支架作为试件支撑装置，采用高频检波器测试振动信号，使用人工击打的方式对击实试件的横波波速进行测试。

本发明室内击实试件的横波波速测试方法包括以下步骤：

（1）根据《公路土工试验规程》（JTG 3430—2020）制备击实试件，采用电动击实，试件尺寸为 $\phi100$ mm×L125 mm 标准试件。

（2）采用试件支架将试件横向放置在对称设置的两个刚性支架之间，试件的一侧端面通过橡胶垫层、触发检波器和击振垫板与刚性支架相连接，另一侧端面通过接收检波器和橡胶垫层与刚性支架相连接，两个刚性支架之间通过拉杆拉紧并对试件施加一定的接触应力。使用 100 Hz 水平高频检波器，检波器与试件测试表面之间用锡箔或铝箔作耦合。

（3）设置测试参数，按照采样间隔 30 μs，采样长度 4 K，采样延迟 512 μs，滤波频率 240 Hz，触发方式为手动触发的方式对测试参数进行设置。

（4）信号采集与测试，信号采集与测试共分两次：第一次使用小锤沿着平行于试件端面方向敲击击振垫板，同时采集试件的振动信号；第二次使用小锤沿与第一次敲击方向相反的方向敲击击振垫板，同时采集试件的振动信号。两次获得的振动信号在波形图上寻找起跳相反的点,并将该点视为横波到达时刻,读取触发检波器接收信号的时间 t_1 和接收检波器波速信号到达的时间(即上述起跳相反的点)t_2。

(5)计算横波波速,根据横波到达时间 $t(t=t_2-t_1)$,计算击实试件的横波波速 V_s,如式(B.1)所示:

$$V_s = \frac{L}{t} \tag{B.1}$$

式中 L——试件的长度;

t——横波到达时间。

本发明提出了室内试件横波波速监测方法,不仅有助于研究波在土石复合介质中的传播特性,而且能推动波动测试技术在岩土工程中的应用。

B.4 附图说明

图 B.1 为本发明室内击实试件的横波波速测试方法的示意图。

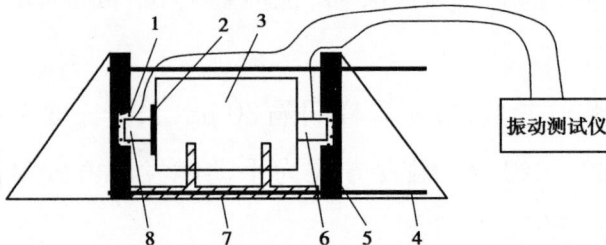

图 B.1 横波波速测试方法示意图

1—橡胶垫层;2—击振垫板;3—试件;4—拉杆;5—刚性支架;

6—接收检波器;7—试件支架;8—触发检波器

图 B.2 为本发明室内击实试件的横波波速测试方法实例的振动信号波形图。

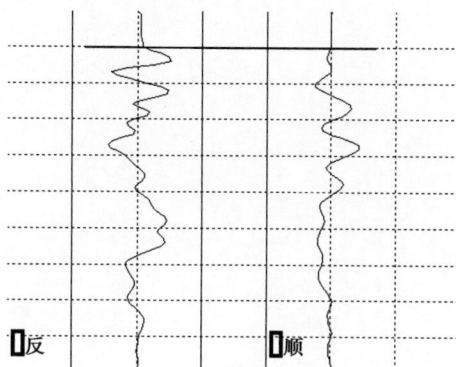

图 B.2　振动信号波形图